똑똑한 우아독해

1 단계

3 지식글

- 동물과 식물, 수학, 과학, 지역 사회, 우리 문화에 관한 지식글을 읽습니다.

- 지식글의 중심 글감을 파악하는 독해 훈련을 합니다.

- 중심 글감을 파악하면 무엇에 대해 쓴 글인지 알 수 있습니다.

내 이름 :

웅진주니어

독해력은 사고력과 학습 능력의 핵심

독해력이란 무엇일까요?

독해는 단순히 글자를 읽는 것이 아닙니다. 글을 읽으면서 글에 담긴 뜻과 맥락적 의미를 이해하는 것입니다. 독해력이란 글의 의미를 빠르고 정확하게 파악하는 능력으로, 독해력을 키우면 책을 읽는 속도뿐만 아니라 다방면의 학습 능력이 향상됩니다. 그런데 독해력은 책을 무조건 많이 읽는 것보다, 글을 제대로 읽고 이해하는 훈련을 통해 길러집니다.

왜 유아에게 독해력이 중요할까요?

하나, 어릴 때부터 책을 즐겨 읽게 됩니다.

책을 읽으면서 기쁨과 슬픔을 느끼고 감동을 얻으려면 단순히 글자를 읽는 것이 아니라 글자와 문장에 담긴 뜻을 정확히 파악할 수 있어야 합니다. 즉, 독해력이 밑받침되지 않으면 책을 읽는 것 자체가 매우 지루하고 고통스런 행위가 될 수밖에 없습니다. 이렇게 책 읽는 즐거움을 느끼지 못하는 아이는 점점 책을 멀리하고, 그에 따라 독해력은 더 떨어지는 악순환이 거듭됩니다.

둘, 낱말에 대한 흥미를 키워 어휘력이 발달합니다.

글을 읽고 내용을 이해하는 과정에서 한 낱말의 다양한 쓰임새와 여러 낱말들 간의 상관관계를 자연스럽게 익히므로 어휘력이 향상됩니다. 낱말에 대한 새로운 발견은 곧 낱말로 이루어진 글에 흥미를 불러일으키며, 어렵고 낯선 낱말과 문장에 도전할 수 있는 자신감을 키워 줍니다. 이렇게 낱말에 대한 흥미와 자신감을 가진 아이는 독서에 많은 관심을 보이며 발표력도 좋아집니다.

셋, 사고력을 길러 주고 의사소통 능력을 향상시킵니다.

눈으로는 글과 그림을 보고, 입으로는 크게 소리 내어 읽고, 귀로는 그 소리를 들으면서 아이는 머릿속으로 글의 내용을 파악하게 됩니다. 이러한 종합적인 자극과 사고 활동은 대뇌와 연결되어 사고력을 향상시키며, 다양한 의사소통 능력을 길러 줍니다.

넷, 독해력은 공부하는 능력의 핵심입니다.

모든 공부는 읽기에서 시작됩니다. 수학이나 과학도 지식의 내용을 정확히 이해하지 못하면 문제를 제대로 해결할 수 없습니다. 독해력은 공부하는 능력의 핵심이기 때문입니다. 따라서 독해력이 부족한 아이는 공부하는 능력과 학업 성취도가 떨어질 수밖에 없습니다.

이 책은 무엇이 좋을까요?

● **유아의 독해력 기초를 잡아 주는 길잡이가 됩니다.**

- 유아가 일상생활 속에서 글을 접하는 환경(광고지, 포스터, 이야기책, 지식책 등)을 고려하여 글을 선정했습니다.
- 성격이 비슷한 글(생활글, 이야기글, 지식글)끼리 묶어 구성했습니다.
- 글에 알맞은 읽기 전략을 통해 올바른 독해 방법을 훈련합니다.
- 독해 단계에 맞추어 체계적으로 학습할 수 있습니다.

제시문을 읽기 전	• 낭독하기를 통해 독해 학습을 준비합니다. • 그림을 보면서 글 내용에 대해 상상하고 배경지식을 끄집어내어 사고를 활성화시킵니다.

↓

제시문을 읽는 동안	• 눈으로 보고, 입으로 크게 소리 내어 읽고, 귀로 들으면서 글 내용에 집중합니다.

↓

제시문을 읽은 뒤	• 읽기 전략에 따른 독해 활동을 통해 제시문의 내용을 파악합니다. • 글을 반복해 읽으면서 자연스럽게 글 내용을 기억합니다.

- 학습을 모두 끝내면 평가를 통해 아이의 학습 성취도를 곧바로 확인할 수 있습니다.

● **다양한 글에 흥미를 갖게 되어 폭넓은 독서의 기틀이 마련됩니다.**

- 아이가 평소에 흔히 접하는 글에 관심을 갖게 합니다.
- 주위 사람들과 대화할 수 있는 이야깃거리를 제공하여 의사소통의 길잡이가 됩니다.
- 다양한 소재의 글을 통해 주변 사물과 현상에 대해 호기심을 갖게 합니다.

● **유아의 개인차를 고려하여 수준별 학습을 할 수 있습니다.**

- 총 3단계 학습 과정을 아이의 수준에 따라 자율적으로 조절할 수 있습니다.
- 초등학교 1학년 교과 과정과 연계된 교재로, 학교 입학 후 빨리 적응할 수 있습니다.

김용한

서울초등국어교과교육연구회 회장 역임

(전)서울 신서초등학교 교장

한국글짓기지도회 회장 역임

5, 6차 국어과 교육 과정 심의 위원, 교과서 및 교사용 지도서 집필

7차 국어과 교과서 연구 위원

7차 개정 국어 교과서 심의 위원

이 책의 구성, 꼼꼼 들여다보기

낭독하기

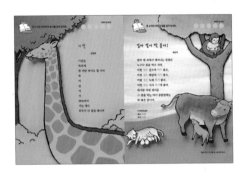

시와 산문에서 가려 뽑은 글을 크게 소리 내어 여러 번 읽습니다. 1단계에서는 아이들에게 친근한 동물이나 자연 현상에 대한 글을 실었습니다. 학습을 시작할 때는 항상 낭독하기 활동부터 하도록 이끌어 주시고, 활동을 끝낸 뒤에는 아이와 함께 붙임 딱지를 붙이면서 많이 칭찬하고 격려해 주세요.

● **또박또박 읽기**

동시를 큰 소리로 또박또박 읽도록 해 주세요.

● **바르게 읽기**

발음에 주의하면서 글을 정확하게 읽도록 해 주세요. 특히 예시로 제시된 발음은 조금 더 주의해서 읽게 해 주세요.

● **느낌 살려 읽기1**

모양과 소리를 흉내 내는 말의 느낌을 충분히 살리며 읽도록 해 주세요.

● **느낌 살려 읽기2**

누군가와 이야기를 나누듯 자연스럽게 읽도록 해 주세요.

들어가기

영역별로 어떤 내용의 글이 나올지 한눈에 살펴볼 수 있습니다. 1단계는 동물과 식물, 수학, 과학, 지역 사회, 우리 문화 영역으로 이루어졌습니다. 각 영역에 해당하는 주제와 소재를 살펴보면서 아이가 이미 알고 있는 지식을 새롭게 끄집어내어 재미와 호기심을 느낄 수 있도록 이끌어 주세요.

1단계에서는 영역별로 8개의 제시문이 나오며, 하나의 제시문을 읽고 1~2개의 독해(글을 읽고 내용 파악하기) 문제를 풀어 봅니다. 모든 활동이 끝난 뒤에는 아이와 함께 '참 잘했어요!' 붙임 딱지를 붙이면서 많이 칭찬해 주세요.

제목
제시문의 중심 글감을 나타냅니다.

제시문
1단계 제시문은 독해를 처음 해 보는 아이들이 쉽게 읽을 수 있도록 한 문장의 길이를 짧게 하고, 글도 3~6줄 정도로 구성했습니다. 제시문을 읽기 전에 그림을 보면서 제시문의 내용을 상상해 본 뒤, 소리 내어 읽도록 합니다.

독해 활동
독해력을 기르려면 글을 제대로 읽는 방법을 반복해서 훈련해야 합니다. 지식글의 독해에서는 중심 글감(소재)과 세부 내용 파악하기, 글의 구조 파악하기, 글의 주제 파악하기가 중요합니다. 1단계는 독해의 기초 단계이므로 중심 글감을 찾고, 그와 관련된 내용을 바르게 파악하는 문제를 통해 독해하는 방법을 훈련합니다.

되짚어 보기

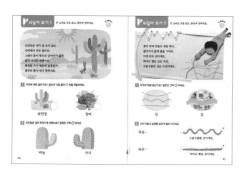

5개의 영역별로 1개씩의 제시문을 읽고, 독해 문제를 풀어 보면서 앞에서 학습한 독해 능력을 스스로 평가합니다.

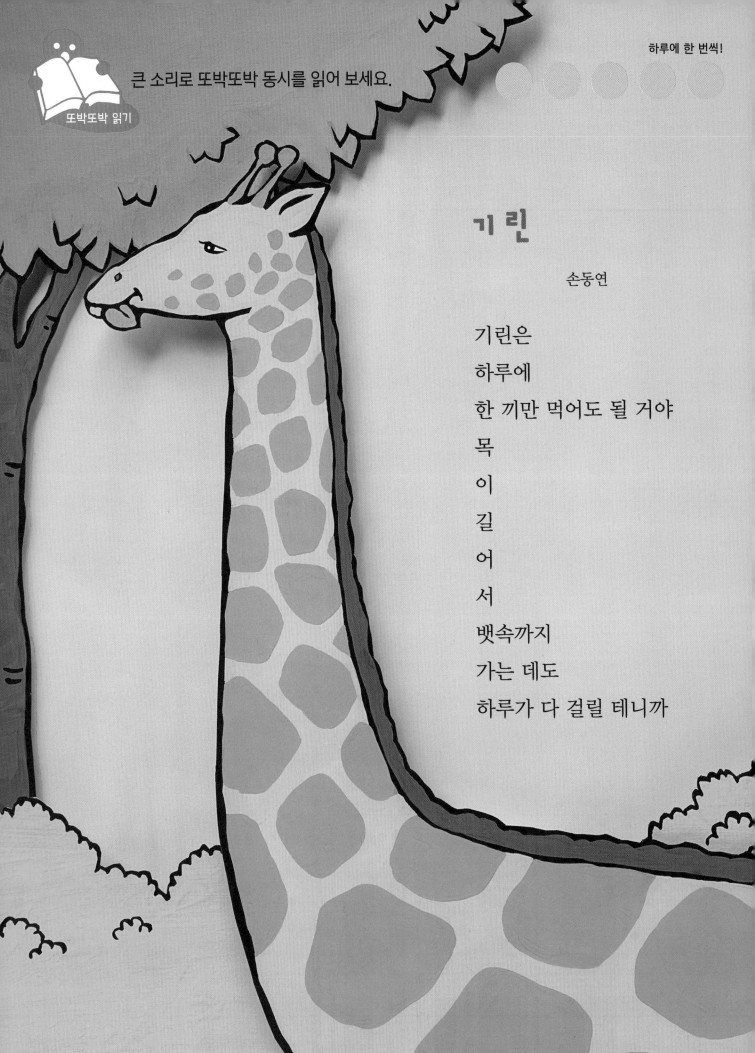

또박또박 읽기

큰 소리로 또박또박 동시를 읽어 보세요.

기린

손동연

기린은
하루에
한 끼만 먹어도 될 거야
목
이
길
어
서
뱃속까지
가는 데도
하루가 다 걸릴 테니까

엄마 젖이 딱 좋아!

허은미

엄마 배 속에서 태어나는 동물은
누구나 젖을 먹고 자라.
어떤 젖은 걸으며 먹기 좋고,
어떤 젖은 매달려 먹기 좋고,
어떤 젖은 누워 먹기 좋고,
어떤 젖은 서서 먹기에 좋아.
하지만 어떤 젖이든
그 젖을 먹는 아기 동물한테는
딱 좋은 젖이야.

※ 바르게 읽기
젖은 [저즌]
먹기 [먹끼]

「엄마 젖이 딱 좋아!」 웅진주니어

구슬비

권오순

송알송알 싸리잎에 은구슬
조롱조롱 거미줄에 옥구슬
대롱대롱 풀잎마다 총총
방긋 웃는 꽃잎마다 송송송

이야기하듯이 글을 읽어 보세요.

타조는 엄청나

조은수

타조는 못 날아?

응, 타조는 못 날아.

대신 타조는……

다 다 다 다 달린다. 바람처럼 빠르게!

호오, 타조 발 좀 봐. 발가락은 딱 두 개.

하지만 저 발길에 차이면 엄청나게 아파요.

「타조는 엄청나」웅진주니어

1

동물과 식물

하마는 햇볕을 쬐면 피부가 아파요.

낙타는 사막에 살아요.

도마뱀은 꼬리가 길어요.

해바라기꽃은 해를 닮았어요.

밤송이 가시는 뾰족뾰족해요.

코끼리는 코가 길어요.

펭귄은 날개가 있어요.

고양이와 호랑이는
서로 친척이에요.

큰 소리로 글을 읽고, 물음에 답하세요.

코끼리는 코를 마음대로 움직여요.
코를 쭉 뻗어서 풀을 뜯어 먹고,
물도 마시고, 목욕도 해요.

1 코끼리는 코로 무엇을 하나요? 알맞은 것을 모두 골라 붙임 딱지를 붙이세요.

풀 뜯어 먹기

물구나무서기

땅에 구멍 파기

목욕하기

펭귄

참 잘했어요!

펭귄은 새예요. 하지만 날지는 못해요.
대신 날개를 움직여서 바닷속을
재빠르게 헤엄쳐 다니지요.

1 어떤 동물에 대한 글인가요? 알맞은 것에 ⭕ 하세요.

독수리

펭귄

2 펭귄은 무엇을 잘하나요? 알맞은 것에 붙임 딱지를 붙이세요.

펭귄은 헤엄을 잘 쳐요.

펭귄은 잘 날아요.

하마

참 잘했어요!

하마는 햇볕을 쬐면 붉은 땀을 흘려요.
하마의 땀은 하마의 피부가
햇볕에 타지 않게 해 주고,
상처를 빨리 낫게 해 주지요.

1 하마는 햇볕을 쬐면 무엇을 흘리나요? 알맞은 것에 ◯ 하세요.

붉은 땀

노란 땀

2 하마의 땀은 어떤 일을 하나요? 알맞은 것에 붙임 딱지를 붙이세요.

피부가 비에 젖지 않게 해요.

피부가 햇볕에 타지 않게 해요.

14

도마뱀

도마뱀은 적이 공격하면 꼬리를
자르고 재빨리 도망가요.
도마뱀의 꼬리는 잘려도 다시 자라요.

1 도마뱀은 적이 공격하면 무엇을 자르나요? 알맞은 것에 ◯ 하세요.

다리

꼬리

2 도마뱀의 꼬리는 잘리면 어떻게 되나요? 알맞은 것에 붙임 딱지를 붙이세요.

다시 자라요.

짧아져요.

15

고양이와 호랑이

참 잘했어요!

고양이와 호랑이는
서로 닮은 점이 많아요.
둘 다 이빨과 발톱이 뾰족하고,
혀로 몸을 핥는 것을 좋아하지요.

1 고양이와 호랑이의 닮은 점을 모두 골라 붙임 딱지를 붙이세요.

발톱이 뾰족해요.

꼬리가 짧아요.

헤엄을 잘 쳐요.

혀로 몸을 핥아요.

16

낙타

참 잘했어요!

낙타는 등에 불룩한 혹이 있어요.
혹 안에 영양분이 들어 있지요.
그래서 낙타는 한 달쯤 못 먹어도
살 수 있어요.

1 어떤 동물에 대한 글인가요? 알맞은 것에 ◯ 하세요.

낙타

당나귀

2 낙타는 등에 무엇이 있나요? 알맞은 것에 붙임 딱지를 붙이세요.

혹

뿔

밤송이

가을이 되면 밤나무에 밤송이가 열려요. 밤송이에는 뾰족뾰족한 가시가 나 있어요. 밤송이 안에 우리가 먹는 밤이 들어 있지요. 밤이 익으면 밤송이가 벌어져요.

1 밤은 어디에 들어 있나요? 알맞은 것에 붙임 딱지를 붙이세요.

밤송이

꽃송이

2 밤송이에는 무엇이 나 있나요? 알맞게 그리고, 글자를 따라 쓰세요.

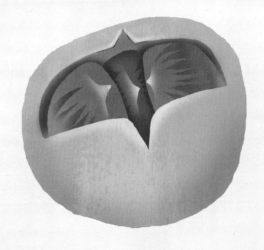

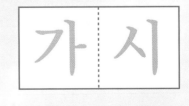

가 시

해바라기

참 잘했어요!

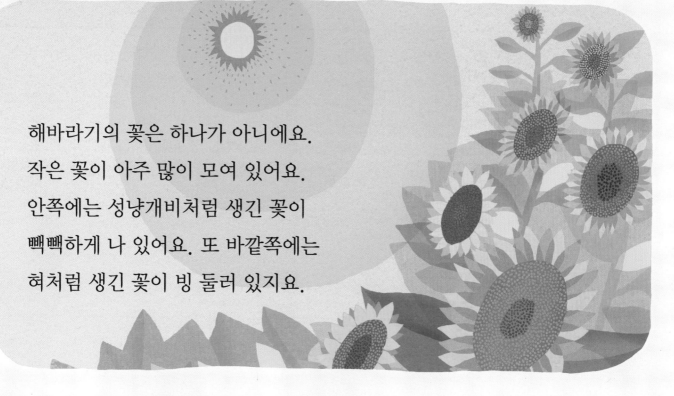

해바라기의 꽃은 하나가 아니에요.
작은 꽃이 아주 많이 모여 있어요.
안쪽에는 성냥개비처럼 생긴 꽃이
빽빽하게 나 있어요. 또 바깥쪽에는
혀처럼 생긴 꽃이 빙 둘러 있지요.

1 빈 자리에 붙임 딱지를 붙여 해바라기꽃을 완성하세요. 또 글에서 꽃 모양이 무엇과
닮았다고 했는지 알맞은 것끼리 줄로 이으세요.

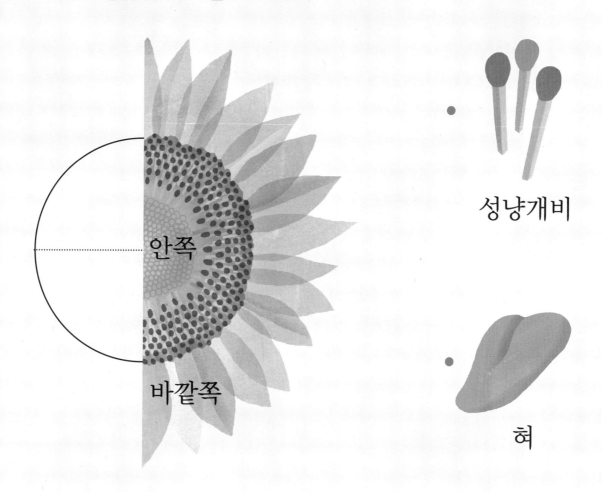

안쪽

바깥쪽

성냥개비

혀

19

2

수학

세상에는
여러 모양이 있어요.

숫자는
어디에나 있어요.

1

어떤 것은 크고,
어떤 것은 작아요.

물건을 같은 색끼리 나누어요.

'무겁다', '가볍다'는
무게를 말해요.

해가 뜨면
하루가 시작되어요.

지금이 몇 시인지 알려면
시계를 보아요.

하루하루가 일곱 번
모여 일주일이
되어요.

12월

3
일요일

2
토요일

큰 소리로 글을 읽고, 물음에 답하세요.

미미는 동물 인형이 3개 있어요.
토끼 인형은 곰 인형보다 크고,
호랑이 인형은 토끼 인형보다
커요. 그러니까 토끼 인형은
곰 인형보다는 크고,
호랑이 인형보다는 작지요.

1 무엇에 대한 글인가요? 알맞은 것에 ◯ 하세요.

크다와 작다

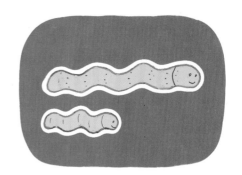

길다와 짧다

2 동물 인형의 크기 순서대로 붙임 딱지를 붙이세요.

작다

크다

큰 소리로 글을 읽고, 물음에 답하세요.

참 잘했어요!

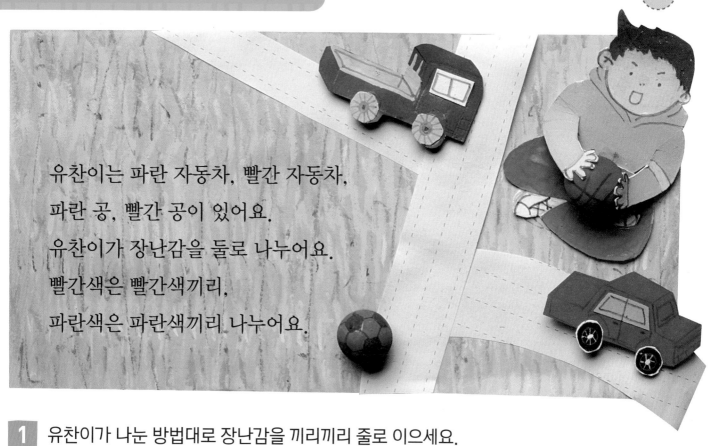

유찬이는 파란 자동차, 빨간 자동차,
파란 공, 빨간 공이 있어요.
유찬이가 장난감을 둘로 나누어요.
빨간색은 빨간색끼리,
파란색은 파란색끼리 나누어요.

1 유찬이가 나눈 방법대로 장난감을 끼리끼리 줄로 이으세요.

큰 소리로 글을 읽고, 물음에 답하세요.

참 잘했어요!

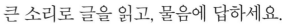

지환이가 집을 그렸어요.

지붕은 뾰족뾰족 세모 모양,

창문은 동글동글 동그라미 모양이에요.

문은 반듯반듯 네모 모양이지요.

1 지환이가 어떤 집을 그렸나요? 알맞은 붙임 딱지를 붙여 집을 완성하세요.

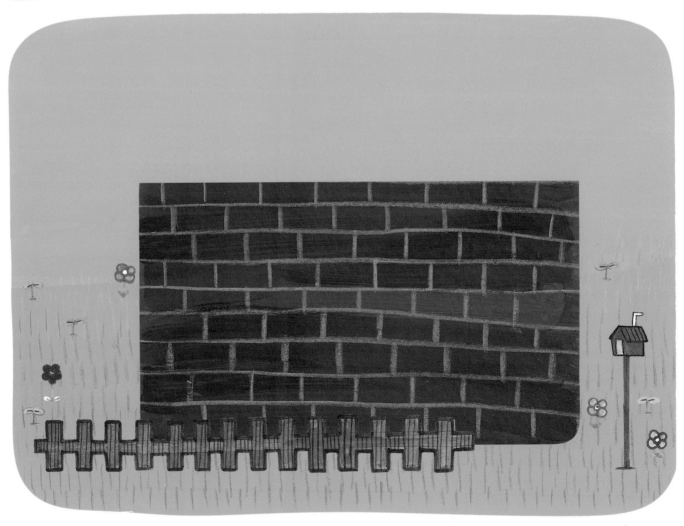

숫자

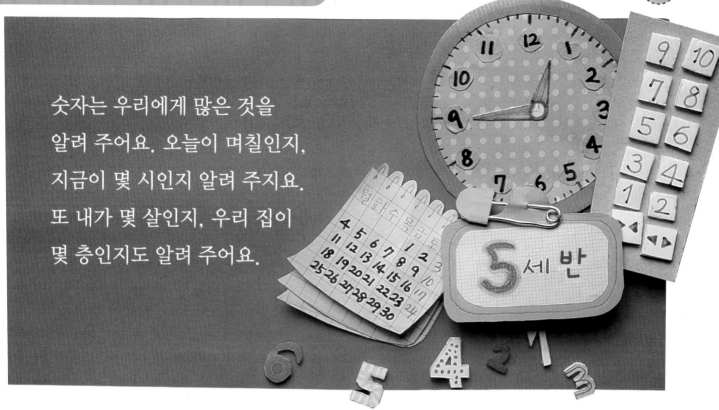

숫자는 우리에게 많은 것을 알려 주어요. 오늘이 며칠인지, 지금이 몇 시인지 알려 주지요. 또 내가 몇 살인지, 우리 집이 몇 층인지도 알려 주어요.

1 무엇에 대한 글인가요? 알맞은 것에 ◯ 하세요.

글자

숫자

2 숫자는 무엇을 알려 주나요? 알맞은 것에 붙임 딱지를 붙이세요.

몇 살인지 알려 주어요.

이름을 알려 주어요.

25

큰 소리로 글을 읽고, 물음에 답하세요.

참 잘했어요!

시계를 보면 시간을 알 수
있어요. 시계에는 숫자와
바늘 두 개가 있어요.
짧은바늘은 몇 시인지,
긴바늘은 몇 분인지 알려 주지요.

1 무엇에 대한 글인가요? 알맞은 것에 ◯ 하세요.

시계

액자

2 몇 분인지 알려 주는 바늘은 무엇인가요? 알맞은 바늘을 색칠하고, 글자를 따라 쓰세요.

긴 바늘

짧은 바늘

하루

참 잘했어요!

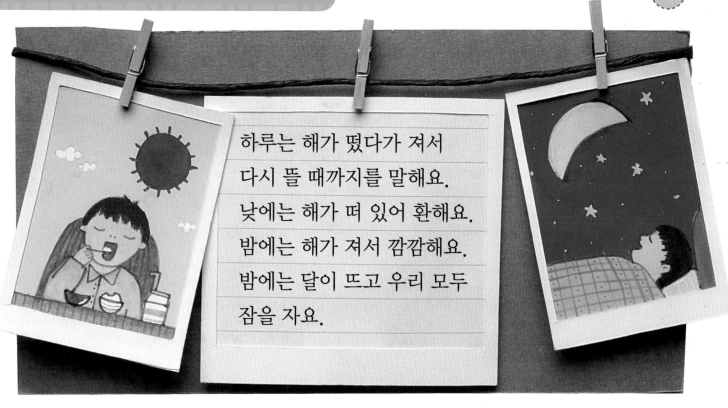

하루는 해가 떴다가 져서
다시 뜰 때까지를 말해요.
낮에는 해가 떠 있어 환해요.
밤에는 해가 져서 깜깜해요.
밤에는 달이 뜨고 우리 모두
잠을 자요.

1 무엇에 대한 글인가요? 알맞은 것에 ⃝ 하세요.

겨울

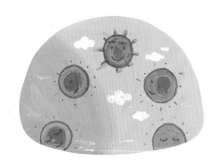

하루

2 낮과 밤에 대해 바르게 말한 것을 골라 알맞게 줄로 이으세요.

• 낮 •

• 밤 •

해가 떠 있어 환해요.

달이 떠 있고 깜깜해요.

큰 소리로 글을 읽고, 물음에 답하세요.

하루를 1일이라고 해요.
7일이 모이면 일주일이 돼요.
일주일에는 월요일, 화요일,
수요일, 목요일, 금요일,
토요일, 일요일이 있어요.

월	화	수	목	금	토	일
1	2	3	4	5	6	7
8	9	10	11	12	13	14
15	16	17	18	19	20	21
22	23	24	25	26	27	28
29	30	31				

1 일주일은 며칠이 모인 건가요? 알맞은 수만큼 색칠하세요.

1일 2일 3일 4일 5일 6일 7일 8일 9일 10일

2 일주일의 하루하루는 어떻게 부르나요? 빈 자리에 알맞은 붙임 딱지를 붙이세요.

무게

참 잘했어요!

얼마나 무거운지 알려면 무게를 재요.
몸무게나 물건의 무게를 잴 때는
저울을 쓰지요. 저울의 숫자가 크면
무겁고, 숫자가 작으면 가벼워요.

1 무엇에 대한 글인가요? 알맞은 것에 ◯ 하세요.

무게

길이

2 무게는 무엇으로 재나요? 알맞은 것을 골라 색칠하세요.

자

저울

29

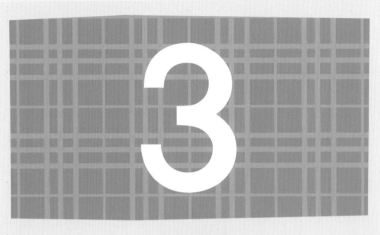

3

과학

구름은 하늘에
두둥실 떠 있어요.

자전거나 자동차에는
바퀴가 있어요.

우리는 날마다 도구를 써요.

물은 어떤 모양일까요?

해가 뜨면 그림자가 생겨요.

불은 환하고 아주 뜨거워요.

바람이 불면 연을 날릴 수 있어요.

풍선을 불면 왜 빵빵해질까요?

큰 소리로 글을 읽고, 물음에 답하세요.

참 잘했어요!

바퀴는 동그래서 잘 굴러요.
그래서 바퀴가 있으면 움직이기 쉬워요.
무거운 가방도 바퀴를 달면
쉽게 옮길 수 있지요.

1 바퀴는 어떤 모양인가요? 알맞은 바퀴 모양을 골라 색칠하세요.

네모나요.

동그래요.

2 바퀴에 대한 설명으로 알맞은 것에 ⃝ 하세요.

바퀴는 잘 굴러요.

바퀴는 벽에 잘 붙어요.

큰 소리로 글을 읽고, 물음에 답하세요.

그림자는 까만색이에요.
내가 빨간 옷을 입어도, 노란 옷을 입어도
그림자는 언제나 까만색이에요.
알록달록한 공도, 하얀 눈사람도
그림자는 까맣지요.

1 그림자는 무슨 색인가요? 그림자를 알맞은 색으로 칠하세요.

불

참 잘했어요!

불은 뜨거워요.

그래서 우리 몸을 따뜻하게 해 주어요.

또 음식도 익혀 주고,

물도 뜨겁게 데워 주지요.

1 무엇에 대한 글인가요? 알맞은 것에 ◯ 하세요.

불

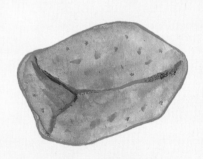

돌

2 불은 어떤 일을 하나요? 알맞은 것에 ◯ 하세요.

음식을 익혀요.

얼음을 얼려요.

물

참 잘했어요!

물은 정해진 모양이 없어요.
길쭉한 컵에 담으면 길쭉한 모양이 되고,
둥근 컵에 담으면 둥근 모양이 되지요.
물은 담는 그릇에 따라 모양이 변해요.

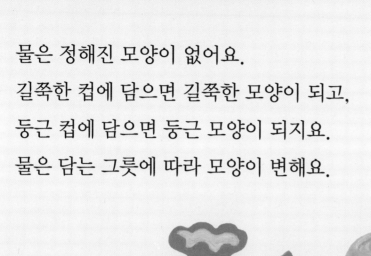

1 무엇에 대한 글인가요? 알맞은 것에 ⭕ 하세요.

물의 모양

불의 모양

2 물은 어떤 모양인가요? 알맞은 것에 붙임 딱지를 붙이세요.

언제나 네모 모양이에요.

담는 그릇에 따라 모양이 변해요.

35

도구는 일을 할 때 쓰는 거예요.

우리는 종이를 자를 때 가위를 써요.

이를 닦을 때는 칫솔을 쓰지요.

이렇게 도구를 쓰면 일을 더 쉽고,

빨리 할 수 있어요.

1 일을 할 때 쓰는 것을 무엇이라고 하나요? 알맞은 것에 붙임 딱지를 붙이세요.

도구

종이

2 종이를 자를 때 무엇을 쓰나요? 알맞은 것에 ◯ 하고, 글자를 따라 쓰세요.

| 칫 | 솔 |

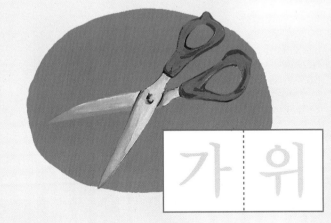

| 가 | 위 |

풍선

풍선을 후후 불면 커다랗게 늘어나요.
그리고 바람을 빼면 다시 줄어들지요.
풍선은 고무로 만들기 때문이에요.
고무는 잘 늘어났다 줄어들었다
하거든요.

1 풍선을 불면 어떻게 되나요? 알맞은 것을 골라 색칠하세요.

늘어나요.

줄어들어요.

2 풍선은 무엇으로 만드나요? 알맞은 것에 ◯ 하세요.

고무

나무

큰 소리로 글을 읽고, 물음에 답하세요.

참 잘했어요!

바람은 보이지도 않고,
만질 수도 없어요.
하지만 느낄 수는 있지요.
바람이 불면 나뭇잎이 흔들리고,
머리카락이 날려요.
바람은 바람개비를 빙빙
돌리기도 해요.

1 무엇에 대한 글인가요? 알맞은 것에 ⭕ 하세요.

바람

바다

2 바람이 불면 어떻게 되나요? 알맞은 것에 붙임 딱지를 붙이세요.

머리카락이 젖어요.

머리카락이 날려요.

구름

참 잘했어요!

구름은 작은 물방울들이 높은 하늘에
모여 있는 거예요. 구름은 저마다
모양도 다르고, 떠 있는 높이도 달라요.
구름은 바람을 따라 둥실둥실 떠다녀요.

1 무엇에 대한 글인가요? 알맞은 것에 ◯ 하세요.

해

구름

2 구름은 무엇이 모여 있는 것인지 그림으로 그려 보세요.

39

4

지역 사회

소방대원은 불이 난 곳에
가서 불을 꺼요.

우리는 슈퍼마켓에서
필요한 물건을 사요.

도서관에는 여러 종류의
책이 있어요.

환경미화원은 우리 동네를
깨끗하게 해 주어요.

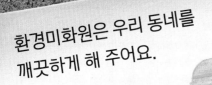

청소차는 우리 동네 곳곳을
돌아다니며 청소를 하고,
쓰레기를 모아 가요.

친구는 서로 좋아하고
함께 노는 사람이에요.

병원은 아픈 사람을
낫게 해 주는
곳이에요.

박물관은 여러 물건을 모아 놓고
사람들에게 보여 주는 곳이에요.

소방대원

참 잘했어요!

불이 나면 소방대원이 달려와요.
소방대원은 호스로 물을 뿌려 불을 끄고,
불 속으로 들어가 사람을 구해요.

1 누구에 대한 글인가요? 알맞은 것에 ⃝ 하세요.

우편집배원

소방대원

2 소방대원이 하는 일을 골라 붙임 딱지를 붙이세요.

불을 꺼요.

창문을 닦아요.

환경미화원

환경미화원은 길거리의 낙엽이나 쓰레기를 깨끗이 청소해요. 또 집집마다 버린 쓰레기를 한데 모아서 청소차에 싣고 가요.

1 누구에 대한 글인가요? 알맞은 것에 붙임 딱지를 붙이세요.

환경미화원

경찰관

2 환경미화원이 하는 일을 골라 ◯ 하세요.

길에 그림을 그려요.

길거리를 청소해요.

큰 소리로 글을 읽고, 물음에 답하세요.

참 잘했어요!

슈퍼마켓은 여러 가지 물건을 파는 큰 가게예요.

물건이 종류대로 잘 정리되어 있어요.

필요한 물건을 고른 다음, 돈을 내고 사요.

1 어디에 대한 글인가요? 알맞은 것에 붙임 딱지를 붙이세요.

슈퍼마켓

영화관

2 슈퍼마켓에 대한 설명으로 알맞은 것에 ◯ 하세요.

과자만 팔아요.

여러 가지 물건을 팔아요.

큰 소리로 글을 읽고, 물음에 답하세요.

우리는 몸이 아프면 병원에 가요.
감기에 걸리거나 배탈이 나면
소아과에 가고, 이가 아프면
치과에 가요. 또 눈이 아프면
안과에 가지요.

1 몸이 아프면 어떤 병원에 가야 하나요? 알맞게 줄로 이으세요.

이가 아파요.

배가 아파요.

눈이 아파요.

소아과

치과

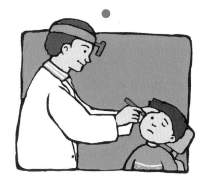

안과

큰 소리로 글을 읽고, 물음에 답하세요.

도서관에는 책이 정말 많아요.
도서관에서는 읽고 싶은 책을 골라서
마음껏 읽을 수 있어요. 또 집에 빌려
가서 읽을 수도 있지요.

1 이 글에서 도서관에서 무엇을 할 수 있다고 했나요? 알맞은 것을 모두 골라 붙임 딱지를 붙이세요.

책을 읽어요.

책을 만들어요.

책을 사요.

책을 빌려요.

박물관

참 잘했어요!

박물관에서는 지켜야 할 약속이 있어요.

첫째, 마구 뛰어다니지 않아요.

둘째, 큰 소리로 떠들지 않아요.

셋째, 전시된 물건을 함부로 만지지 않아요.

1 박물관에서의 약속을 잘 지킨 아이를 모두 골라 붙임 딱지를 붙이세요.

마구 뛰어다녀요.

얌전히 걸어 다녀요.

조용히 말해요.

큰 소리로 떠들어요.

청소차

청소차에는 쓰레기차,
도로 청소차 등이 있어요.
쓰레기차는 쓰레기를 모아 가요.
도로 청소차는 청소기가 달려 있어서
길 위의 쓰레기를 청소해요.

1 무엇에 대한 글인가요? 알맞은 것에 ◯ 하세요.

청소차

청소기

2 청소차의 종류와 하는 일을 알맞게 줄로 이으세요.

쓰레기차 •

• 길 위를 청소해요.

도로 청소차 •

• 쓰레기를 모아 가요.

친구

참 잘했어요!

다쳤어?
괜찮아?

좋은 친구는 친구를 사랑하고 아껴 주어요.

친구가 힘들 때 도와주고,

아플 때는 걱정해 주지요.

좋은 친구는 자기 마음대로 하겠다고

욕심부리지 않아요. 친구와 싸웠을 때는

먼저 미안하다고 말하지요.

---

1 무엇에 대한 글인가요? 알맞은 것에 ◯ 하세요.

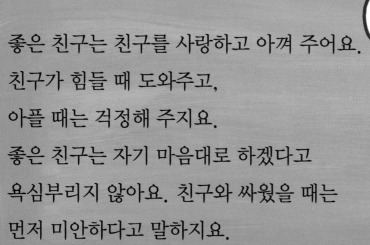

가족

친구

---

2 누가 좋은 친구인가요? 알맞은 것에 붙임 딱지를 붙이세요.

친구가 힘들 때 도와주어요.

친구와 욕심부리며 싸워요.

5

우리 문화

호두, 밤, 땅콩, 잣은
껍질이 단단한 열매예요.

우리는 반찬으로
김치를 먹어요.

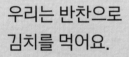

윷놀이는 '윷'이라는
나무 막대로 하는 놀이예요.

추석에는 반달 모양으로
빚은 송편을 먹어요.

탈은 옛날 사람들이
얼굴에 쓰던 가면이에요.

일 년 가운데 밤이
가장 긴 동짓날에는
팥죽을 먹어요.

설날에 먹는 떡국은
가래떡으로 만들어요.

옛날에는 마을 입구에
장승이 서 있었어요.

탈

큰 소리로 글을 읽고, 물음에 답하세요.

참 잘했어요!

탈은 사람이나 동물의 얼굴 모양으로 만들어요.
얼굴을 꾸미거나 가리기 위해 탈을 쓰지요.
탈을 쓰고 춤추는 것을 탈춤이라고 해요.

1 무엇에 대한 글인가요? 알맞은 것에 ⬯ 하세요.

탈

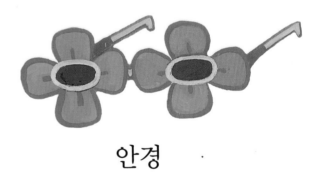
안경

2 탈을 쓰고 춤추는 것을 무엇이라고 하나요? 알맞은 것에 붙임 딱지를 붙이세요.

부채춤

탈춤

52

장승

참 잘했어요!

장승은 돌이나 나무에
사람 얼굴을 새긴 거예요.
옛날 사람들은 장승이
마을을 지켜 준다고 믿었어요.
그래서 마을 입구에
장승을 세웠지요.

1 무엇에 대한 글인가요? 알맞은 것에 ◯ 하세요.

장승

항아리

2 옛날 사람들은 장승이 무엇을 한다고 믿었나요? 알맞은 것에 ◯ 하세요.

마을을 지켜요.

비를 내려요.

떡국

참 잘했어요!

설날에는 떡국을 먹어요.
떡국은 하얀 가래떡으로 끓여요.
그래서 떡국을 먹으면 밝고
좋은 일만 생긴대요.
또 나이도 한 살 더 먹지요.

1 설날에는 무엇을 먹나요? 알맞은 것에 ◯ 하세요.

떡국

미역국

2 떡국은 무엇으로 끓이나요? 알맞은 것에 붙임 딱지를 붙이세요.

가래떡

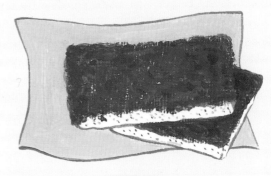

팥떡

54

송편

참 잘했어요!

추석에는 송편을 먹어요.
송편은 쌀가루로 만들어요.
쌀가루를 반죽해서 속에 밤이나
깨를 넣고, 반달 모양으로 빚어요.
솥에 솔잎을 깔고 찌면
송편이 되지요.

1 송편을 만드는 순서에 알맞게 빈 자리에 붙임 딱지를 붙이세요.

쌀가루를 반죽해요.

?

?

솔잎을 깔고 쪄요.

김치

참 잘했어요!

김치는 옛날부터 먹어 온 우리나라 음식이에요.
김치는 배추, 무, 마늘 같은 여러 채소로 담가요.
김치는 대부분 고춧가루를 넣어 빨갛지요.

1 어떤 음식에 대한 글인가요? 알맞은 것에 ◯ 하세요.

고추

김치

2 김치는 무엇으로 담그나요? 알맞은 것에 붙임 딱지를 붙이세요.

채소로 담가요.

고기로 담가요.

팥죽

참 잘했어요!

옛날 사람들은 도깨비나
귀신이 팥을 무서워한다고
생각했어요. 그래서 동짓날에는
팥죽을 쑤어 먹었어요.
또 귀신을 쫓으려고 팥죽을
대문이나 마당에 뿌렸어요.

1 어떤 음식에 대한 글인가요? 알맞은 것에 ⭕ 하세요.

팥죽

호박죽

2 무엇을 쫓으려고 대문에 팥죽을 뿌렸나요? 알맞은 것에 붙임 딱지를 붙이고, 따라 쓰세요.

곰

귀신

큰 소리로 글을 읽고, 물음에 답하세요.

참 잘했어요!

대보름날 아침에는 호두나 땅콩 같은
딱딱한 열매를 깨물어요.
이것을 부럼 깨물기라고 해요.
부럼을 깨물면 일 년 내내 부스럼이
나지 않고, 이도 튼튼해진대요.

1 무엇에 대한 글인가요? 알맞은 것에 붙임 딱지를 붙이세요.

땅콩 캐기

부럼 깨물기

2 부럼을 깨물면 어떻게 되나요? 알맞은 것에 ⭕ 하세요.

이가 튼튼해져요.

부스럼이 많이 나요.

58

윷놀이

큰 소리로 글을 읽고, 물음에 답하세요.

참 잘했어요!

윷놀이는 편을 나누어 윷을
던진 뒤, 윷의 모양에 따라
말을 움직이는 놀이예요.
말이 먼저 말판을 한 바퀴
돌아오는 편이 이겨요.
윷놀이는 설날에 많이 해요.

1 무엇에 대한 글인가요? 알맞은 것에 ◯ 하세요.

윷놀이

나무 쌓기

2 윷놀이는 언제 많이 하나요? 알맞은 것에 붙임 딱지를 붙이세요.

설날

생일날

59

1장 동물과 식물 편에는 코끼리의 코, 펭귄의 날개, 하마의 땀, 도마뱀의 꼬리, 고양이와 호랑이의 특징, 낙타의 혹, 밤송이 가시, 해바라기꽃에 대한 글이 나옵니다. 글감의 특성에 따라 상술법, 열거법, 비교법, 대조법, 분석법으로 설명했습니다. 중심 글감을 묻는 문제를 통해 글의 주제를 파악하고, 세부 내용을 살피면서 정확한 독해력과 함께 다양한 지식 정보를 쌓게 합니다. 제시문을 읽고 그림을 완성하는 문제(18쪽)는 글을 주의 깊게 읽는 훈련입니다. 또 그림과 그에 해당하는 개념을 연결 짓는 문제(19쪽)는 정보를 도표 형식으로 조직화해 보면서 글에 집중하는 능력을 길러 줍니다.

★ 12쪽

코끼리 코가 어떻게 쓰이는지 늘어놓으며 설명(열거법)한 글입니다.

★ 13쪽

날개를 중심으로 펭귄과 다른 새와의 차이를 대조하며 설명(대조법)한 글입니다.

★ 14쪽

하마의 땀이 어떤 역할을 하는지 자세히 풀어서 설명(상술법)한 글입니다.

★ 15쪽

도마뱀의 꼬리가 어떤 특징을 가지는지 자세히 풀어서 설명(상술법)한 글입니다.

★ 16쪽

공통점을 중심으로 고양이와 호랑이의 특징을 비교하며 설명(비교법)한 글입니다.

★ 17쪽

낙타의 혹이 어떤 역할을 하는지 자세히 풀어서 설명(상술법)한 글입니다.

★ 18쪽

밤송이가 어떻게 생겼는지 자세히 풀어서 설명(상술법)한 글입니다.

★ 19쪽

해바라기꽃이 어떻게 생겼는지 낱낱이 풀어서 자세히 설명(분석법)한 글입니다.

2장 수학 편에는 크기 비교, 색깔 분류, 모양의 이름, 숫자의 쓰임새, 시계 읽기, 하루의 정의, 일주일의 정의, 무게 재는 법에 대한 글이 나옵니다. 글감의 특성에 따라 상술법, 예시법, 정의법, 열거법, 분석법으로 설명했습니다. 중심 글감을 묻는 문제를 통해 글의 주제를 파악하고, 세부 내용을 살피면서 정확한 독해력과 함께 다양한 지식 정보를 쌓게 합니다. 제시문의 내용에 맞추어 붙임 딱지를 붙여 보는 문제(22쪽)는 글의 내용을 도표화하는 능력을 길러 줍니다. 또 용어 설명과 표제어를 연결 짓는 문제(27쪽)는 제시문에 나오는 주요 용어를 이해하는 독해 훈련입니다.

★ 22쪽

크기에 대한 개념을 동물 인형들을 예로 들어 설명(예시법)한 글입니다.

★ 23쪽

색깔에 따라 사물을 분류하는 방법을 장난감을 예로 들어 설명(예시법)한 글입니다.

★ 24쪽

세모, 동그라미, 네모 모양을 집을 그리는 것을 예로 들어 설명(예시법)한 글입니다.

★ 25쪽

숫자의 중요성을 강조하기 위해 숫자의 쓰임새를 늘어놓으며 설명(열거법)한 글입니다.

★ 26쪽

시계의 생김새와 시곗바늘의 역할을 낱낱이 풀어서 설명(분석법)한 글입니다.

★ 27쪽

하루의 시간적 개념, 낮과 밤의 뜻을 풀이하여 설명(정의법)한 글입니다.

★ 28쪽

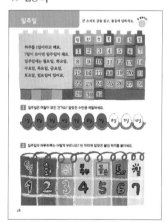

일주일의 시간적 개념과 요일 읽는 법을 풀이하여 설명(정의법)한 글입니다.

★ 29쪽

무게의 뜻을 풀이하고, 무게를 재는 방법을 자세히 풀어서 설명(상술법)한 글입니다.

해답·부모 가이드

3장 과학 편에는 바퀴의 성질, 그림자의 색깔, 불의 성질, 물의 모양, 도구의 정의, 풍선의 성질, 바람의 성질, 구름의 정의에 대한 글이 나옵니다. 글감의 특성에 따라 상술법, 예시법, 정의법, 열거법, 인과법으로 설명했습니다. 중심 글감을 묻는 문제를 통해 글의 주제를 파악하고, 세부 내용을 살피면서 정확한 독해력과 함께 다양한 지식 정보를 쌓게 합니다. 인과법으로 설명한 글(37쪽)에서는 원인과 결과의 관계를 파악하는 것이 중요합니다. 그런데 5~6세 유아에게는 어려운 활동이기 때문에 제시문의 내용을 정확히 파악하는 훈련에 초점을 맞추었습니다.

★ 32쪽

바퀴의 모양, 성질, 쓰임새 등을 자세히 풀어서 설명(상술법)한 글입니다.

★ 33쪽

그림자의 색깔이 언제나 까맣다는 것을 여러 사물을 예로 들어 설명(예시법)한 글입니다.

★ 34쪽

불의 뜨거운 성질을 불의 쓰임새를 늘어놓으며 설명(열거법)한 글입니다.

★ 35쪽

물은 특정한 모양이 없다는 것을 여러 모양의 그릇을 예로 들어 설명(예시법)한 글입니다.

★ 36쪽

도구의 개념과 다양한 쓰임새를 풀이하여 설명(정의법)한 글입니다.

★ 37쪽

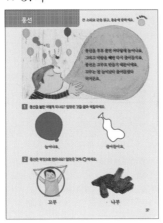

풍선의 특성이 재질인 고무 때문에 생긴다는 것을 원인과 결과의 관계로 설명(인과법)한 글입니다.

★ 38쪽

바람에 의해 일어나는 자연 현상을 통해 바람의 특성을 자세히 풀어서 설명(상술법)한 글입니다.

★ 39쪽

구름의 성질과 모양, 움직임 등을 자세히 풀이하여 설명(정의법)한 글입니다.

4장 지역 사회 편에는 직업(소방대원과 환경미화원이 하는 일), 장소(슈퍼마켓의 역할, 병원의 종류, 도서관의 기능, 박물관에서의 예절), 청소차의 종류, 친구의 의미에 대한 글이 나옵니다. 글감의 특성에 따라 상술법, 열거법, 분류법으로 설명했습니다. 중심 글감을 묻는 문제를 통해 글의 주제를 파악하고, 세부 내용을 살피면서 정확한 독해력과 함께 다양한 지식 정보를 쌓게 합니다. 분류법으로 설명한 글은 기준에 따라 글의 내용을 나누어 보는 것이 중요합니다. 그래서 분류 기준을 파악하는 활동 (45, 48쪽)을 통해 글의 세부 내용을 이해하는데 초점을 맞추었습니다.

★ 42쪽

소방대원이 하는 일을 자세히 풀어서 설명(상술법)한 글입니다.

★ 43쪽

환경미화원이 하는 일을 자세히 풀어서 설명(상술법)한 글입니다.

★ 44쪽

슈퍼마켓의 역할과 이용법을 자세히 풀어서 설명(상술법)한 글입니다.

★ 45쪽

병원을 종류에 따라 나누어 설명(분류법)한 글입니다.

★ 46쪽

도서관의 기능을 늘어놓으며 설명(열거법)한 글입니다.

★ 47쪽

박물관에서 지켜야 할 규칙을 늘어놓으며 설명(열거법)한 글입니다.

★ 48쪽

청소차를 종류에 따라 나누어 설명(분류법)한 글입니다.

★ 49쪽

좋은 친구의 사례를 늘어놓으며 설명(열거법)한 글입니다.

해답 · 부모 가이드

5장 우리 문화 편에는 탈의 의미, 장승의 의미, 떡국의 의미, 송편 만들기, 김치에 대한 정의, 팥죽의 의미, 부럼 깨물기의 의미, 윷놀이의 방법에 대한 글이 나옵니다. 글감의 특성에 따라 상술법, 과정법, 인과법으로 설명했습니다. 중심 글감을 묻는 문제를 통해 글의 주제를 파악하고, 세부 내용을 살피면서 정확한 독해력과 함께 다양한 지식 정보를 쌓게 합니다. 과정법으로 설명한 글처럼 논리적인 순서를 필요로 하는 글에서는, 순서 짓기를 통해 글의 내용을 차례대로 파악하는 독해 활동(55쪽)을 합니다.

★ 52쪽

탈과 탈춤에 대해 자세히 풀어서 설명(상술법)한 글입니다.

★ 53쪽

장승에 담긴 의미를 자세히 풀어서 설명(상술법)한 글입니다.

★ 54쪽

떡국의 의미를 자세히 풀어서 설명(상술법)한 글입니다.

★ 55쪽

송편 만드는 방법을 단계에 따라 설명(과정법)한 글입니다.

★ 56쪽

김치에 대해 자세히 풀어서 설명(상술법)한 글입니다.

★ 57쪽

동짓날 팥죽을 먹는 풍습을 원인과 결과의 관계로 설명(인과법)한 글입니다.

★ 58쪽

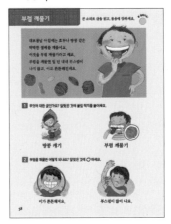

부럼 깨물기 풍습을 자세히 풀어서 설명(상술법)한 글입니다.

★ 59쪽

윷놀이하는 방법을 자세히 풀어서 설명(상술법)한 글입니다.

1단계 **3** 지식글
되짚어 보기

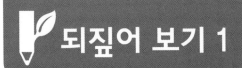

선인장은 비가 잘 오지 않는
사막에서 주로 살아요.
그래서 물이 밖으로 날아가지 않게
잎이 가시로 변했어요.
뾰족한 가시 때문에 동물들이
함부로 뜯어 먹지 못하지요.

1 무엇에 대한 글인가요? 알맞은 것을 골라 ◯ 안을 색칠하세요.

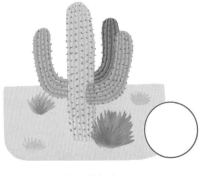

선인장

장미

2 선인장은 잎이 무엇으로 변했나요? 알맞은 것에 ◯ 하세요.

비늘

가시

되짚어 보기 2

큰 소리로 글을 읽고, 물음에 답하세요.

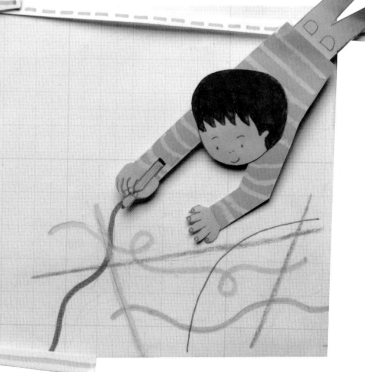

종이 위에 연필로 점을 찍고,
끊어지지 않게 줄을 그어요.
이게 바로 선이에요.
똑바로 뻗은 선은 직선,
구불구불한 선은 곡선이에요.

1 무엇에 대한 글인가요? 알맞은 것에 ◯ 하세요.

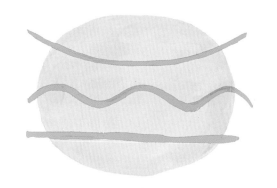

선

길

2 선의 이름과 설명을 알맞게 줄로 이으세요.

직선 •

• 구불구불한 선이에요.

곡선 •

• 똑바로 뻗은 선이에요.

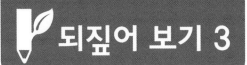

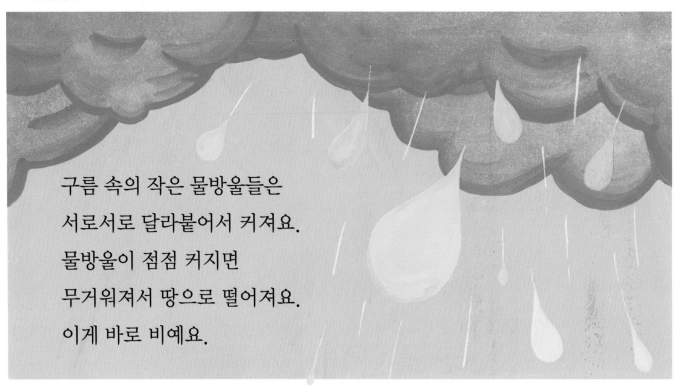

구름 속의 작은 물방울들은
서로서로 달라붙어서 커져요.
물방울이 점점 커지면
무거워져서 땅으로 떨어져요.
이게 바로 비예요.

1 무엇이 생기는 과정에 대한 글인가요? 알맞은 것에 ◯하세요.

비   번개

2 비가 내리는 순서에 알맞게 빈 자리에 붙임 딱지를 붙이세요.

물방울이 서로서로
달라붙어서 커져요.

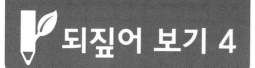

공중목욕탕에서는 지켜야 할 약속이 있어요.
첫째, 탕에 들어가기 전에 몸을 씻어요.
둘째, 탕 안에서 물장난을 하지 않아요.
셋째, 옆 사람에게 물을 튀기지 않아요.

1 공중목욕탕에서의 약속을 잘 지킨 아이를 모두 골라 붙임 딱지를 붙이세요.

탕 안에서 물장난을 하지 않아요.

탕 안에서 친구와 물싸움을 해요.

옆 사람에게 물을 많이 튀겨요.

옆 사람에게 물을 튀기지 않아요.

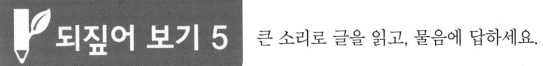

태권도는 옛날부터 전해 내려오는 우리나라 운동이에요. 맨손과 맨발로 다른 사람을 공격하거나 공격을 막지요. 지금은 올림픽에서도 태권도 경기를 해요.

1 무엇에 대한 글인가요? 알맞은 것에 ◯ 하세요.

태권도

태극기

2 태권도는 무엇으로 공격하나요? 알맞은 것에 붙임 딱지를 붙이세요.

나무 막대기

맨손과 맨발

★ 되짚어 보기 1

선인장 잎이 왜 가시로 변했는지를 원인과 결과의 관계로 설명(인과법)한 글입니다. 중심 글감과 세부 내용을 파악하는 독해 활동을 합니다.

★ 되짚어 보기 2

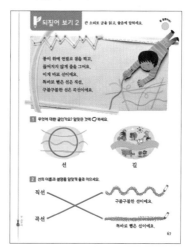

선을 종류에 따라 나누어 설명(분류법)한 글입니다. 선의 종류에 해당하는 표제어와 용어 설명을 연결 짓는 독해 활동을 합니다.

★ 되짚어 보기 3

비가 내리는 과정을 단계에 따라 설명(과정법)한 글입니다. 순서 짓기를 통해 글의 내용을 차례대로 배열해 보는 독해 활동을 합니다.

★ 되짚어 보기 4

공중목욕탕에서 지켜야 할 규칙을 늘어놓으며 설명(열거법)한 글입니다. 제시문의 내용을 바르게 찾아내는 독해 활동을 합니다.

★ 되짚어 보기 5

태권도에 대해 자세히 풀어서 설명(상술법)한 글입니다. 글의 내용을 제대로 이해했는지 확인해 보는 독해 활동을 합니다.